घर का रास्ता

घर का रास्ता

मंगलेश डबराल

राधाकृष्ण प्रकाशन

ISBN : 978-81-7119-652-4

घर का रास्ता (कविता)

पहला संस्करण : 1988
चौथा संस्करण : 2022

मूल्य : ₹299

प्रकाशक
राधाकृष्ण प्रकाशन प्राइवेट लिमिटेड
जी-17, जगतपुरी, दिल्ली-110 051

शाखाएँ : अशोक राजपथ, साइंस कॉलेज के सामने, पटना-800 006
पहली मंजिल, दरबारी बिल्डिंग, महात्मा गांधी मार्ग, प्रयागराज-211 001
36 ए, शेक्सपियर सरणी, कोलकाता-700 017

वेबसाइट : www.radhakrishnaprakashan.com
ई-मेल : info@radhakrishnaprakashan.com

मुद्रक
बी.के. ऑफसेट
नवीन शाहदरा, दिल्ली-110 032

GHAR KA RASTA
Poems by Manglesh Dabral

पिताजी के लिए
सादर

क्रम

एक जीवन के लिए

शायद वहाँ थोड़ी-सी नमी थी
या हल्का-सा कोई रंग
शायद सिहरन या उम्मीद

शायद वहाँ एक आँसू था
या एक चुंबन
याद रखने के लिए
शायद वहाँ बर्फ़ थी
या छोटा-सा एक हाथ
या सिर्फ़ छूने की कोशिश

शायद अँधेरा था
या एक ख़ाली मैदान
या खड़े होने भर की जगह
शायद वहाँ एक आदमी था
अपने ही तरीक़े से लड़ता हुआ.

1986

सपना

मैं गिरा एकाएक
जैसे सपने से
जैसे चलते-चलते कोई गिरता है
सड़क पर अधबीच

यह मेरी त्वचा के गिरने का सपना था
अपनी आत्मा सहित
मुँह और रोंओं के गिरने का सपना
मेरी गृहस्थी गिरी मेरे साथ
जेब में रखी हुई चीज़ें
जिन्हें मैं बार-बार निकालकर
रखता था फिर जेब में

गिरते गये अब तक कमाये
तमाम मेरे अनुभव
रोने-धोने की आवाज़ें गिरीं साथ-साथ
किसी ने गिरा दिये

मेरे कपड़े भी
बारिश और हवा से दूर
गिरता रहा मैं धरती
और रसातल से दूर

गिरते हुए उसकी एक झलक
देखी मैंने
जो हँसते हुए मुझे गिरा रहा था
लगातार.

1986

आश्चर्यलोक

जाते ही धम से कुर्सी पर बैठ
कुछ देर मैं खोया-खोया-सा लगूँगा
फिर निगाह उठाकर चौतरफ़ देखूँगा
मंद मुस्कराते हुए
मुझे आश्चर्य नहीं होगा किसी बात पर
पहली बार किसी चीज़ को देखकर
ख़ुशी या दुख से मैं चौंक नहीं उठूँगा

परेशान एक आदमी आयेगा हाँफता हुआ
मुझे लू लग गयी जी
मेरे पूरे परिवार को
गर्मी में भटकने की बजाय आप क्यों नहीं
आराम करते घर में कहकर मैं चुप लगा लूँगा
ऐनक ठीक करता हुआ हो जाऊँगा व्यस्त

तभी आयेगा एक नाराज़ आदमी
हद हो गयी अब नहीं होता बर्दाश्त

देखिए शहर में खुले आम घूमते हैं हत्यारे
थोड़ा मुस्कराते हुए मैं कहूँगा भाई
अच्छे-ख़ासे तुम क्यों चले आये इस शहर
तुम जैसों के रहने की नहीं है यह जगह

अंततः मैं शांत और संतुष्ट रहूँगा
बिना हैरत बिना अफ़सोस
सोचता हुआ कैसे सुलझा लिये मैंने जीवन के संकट
इसी तरह चलता है संसार
कुछ दिन मन में विद्रोह होता है घुमड़न रहती है
कोई दुख देखकर नीची कर लेनी होती है निगाह.

1984

प्रेम करती स्त्री

प्रेम करती स्त्री देखती है
एक सपना रोज़
जागने पर सोचती है क्या था वह
निकालने बैठती है अर्थ

दिखती हैं उसे आमफ़हम चीज़ें
कोई रेतीली जगह
लगातार बहता नल
उसका घर बिखरा हुआ
देखती है कुछ है जो दिखलाई नहीं पड़ता
कई बार देखने के बाद

प्रेम करती स्त्री
यक़ीन नहीं करती किसी का
कंधा गिरा देती है
दर्पण में नहीं देखती ख़ुद को
सोचती है मैं ऐसे ही हूँ ठीक

उसकी सहेलियाँ एक-एक कर
उसे छोड़कर चली जाती हैं
धूप उसके पास आये बिना निकल जाती है
हवा उसके बाल बिखराये बिना बहती है
उसके खाये बिना हो जाता है खाना ख़त्म

प्रेम करती स्त्री
ठगी जाती है रोज़
उसे पता नहीं चलता बाहर क्या हो रहा है
कौन ठग रहा है कौन है खलनायक
पता नहीं चलता कहाँ से शुरू हुई कहानी

दुनिया को समझती है वह
गोद में बैठा हुआ बच्चा
निकल जाती है अकेली सड़क पर
देखती है कितना बड़ा फैला शहर
सोचती है मैं रह लूँगी यहाँ कहीं.

1987

पत्ता

प्यारे पत्ते हो तुम उन्होंने कहा
कोमल और हिलते हुए
तुम्हारे विचार हैं तुम्हारी ही तरह

मुझे होना चाहिए एक ठूँठ
जो ख़ुशी से फूल नहीं जाता
मुरझाता नहीं
पाला पड़ने पर रंग नहीं बदलता

रह लेता है कहीं भी
गहरी साँस लेता हुआ.

1986

पेड़

पृथ्वी और आकाश उनमें एक साथ मौजूद हैं
जब हम नहीं थे तब भी थे वे पेड़

उनसे ज़्यादा उनकी स्मृतियाँ हैं हमारे पास
वे बने हैं करोड़ों चिड़ियों की नींद से

हमने उन्हें कभी नाराज़ या बौखलाते नहीं देखा
नहीं देखा सर धुनते हुए

वे सोचते रहते हैं कुछ
पृथ्वी और आकाश में बराबर बँटे हुए.

1984

हम

अपना रास्ता चलते हुए
हम आपस में कहते हैं
सँभल कर चलो
हमें चलना है कई साल

घर से निकलना है
घर में प्रवेश करना है
चींटी चाल चलते कभी हड़बड़ करते
बचे रहना है आँधी से
जो आने को है कभी भी
त्वचा हमारी दूर से भाँप लेती है
हवा में ख़त्म होती नमी को

फूलों और भिखारियों को
पीछे छोड़ते हुए हम चलते हैं
रास्ते में बिखरे ख़ून को न देखते
रोते हुए बच्चे से कहते

चुप रहो चुप
अभी चलना है कई साल

ठीक से चलिए साहब
लड़खड़ाते आदमी से कहना चाहते हैं हम
दुनिया में फैल रही है थकान
हम देर तक बातचीत करते हैं
सहमत होते हैं
तारों के नीचे लौटते हुए हम नहीं पूछते
कहाँ जाती होगी यह सड़क

जो जा रहे हैं उन्हें विदा करते
हम आपस में कहते हैं
सँभलकर चलो
बचते हुए अपने शरीर की सिहरन से.

1986

दूसरा हाथ

आख़िरकार मेरे पास एक ही हाथ है
उससे कितने काम कर सकता हूँ मैं
मैंने कहा
मेरा दूसरा हाथ लगभग बेकार है
कम ही काम आता है यह किसी के
और अकसर मुझे याद नहीं रहता
कि एक दूसरा भी हाथ है मेरे पास

इसी एक हाथ से मैं कर पाता हूँ काम
मसलन आपके घर पानी भरना
आभार के शब्द लिखना
बसों की रेलिंग से लटकना
सार-सँभाल करना आपके संसार की
चलते हुए मैं इस हाथ को ज़ोरों से झुलाता हूँ
ताकि यह सक्रिय रहे और परवाह न करे

दूसरा हाथ तब कहीं दुबका होता है

झाड़ी के ख़रगोश सा
या दूर बचपन की गेंदों
और लकड़ी के घोड़े बीच पड़ा हुआ
युवावस्था में किसी लड़की का हाथ भींचे हुए वह हाथ
जिसे छू नहीं पाता मेरा यह झूलता हुआ हाथ

शहरों दफ़्तरों घरों के दरवाज़े
खटखटाता जाता है यह हाथ
इसी से करने होते हैं मुझे सारे काम
दुनिया के सबसे बड़े झूठों में शुमार यह हाथ
जो थकता नहीं निराश नहीं होता कभी
जब हद हो जाती है
तब दूसरा हाथ कभी-कभी जतलाता है अपना विरोध
काँपता दर्द करता हुआ.

1983

प्रेमीजन

कोई नहीं देखता उन्हें साथ-साथ चलते हुए
आलिंगनबद्ध या आँखों में आँखें डाले
कोई नहीं पहचानता उन्हें
लोग कहते हैं यह तो हवा थी
या कोई आवाज़
या किसी अजनबी की पगचाप
जिससे मिलना चाहते थे हम कब से

कभी-कभी वे चले जाते हैं दूर
जहाँ न लोग हों न सन्नाटा
जैसे अपने चुंबनों से बनायी हो उन्होंने एक नाव
और खेते गये हों पसीने की धार में
वे पुकारते जाते हैं एक दूसरे को
लोग कहते हैं सब बेकार की बात है
हमें तो अकसर याद नहीं रहते सपने

प्रेमीजन बसाते हैं इस संसार में
एक संसार
खुले आम बहते हैं उनके आँसू
जैसे पेड़ से झरते हों पत्ते गिरते हों फल
वे अपनी आँखें नहीं छिपाते चश्मों से
लोग कहते हैं हमें तो कुछ दिखाई नहीं दिया
वहाँ सिर्फ़ कुछ धब्बे थे रास्ते में

यह बहुत पुरानी बात है
एक सुंदर स्वप्नवत् दृश्य में
एक शांत पेड़ पर आकर बोलती थी
एक चिड़िया कई दिनों तक
कुछ बूढ़े-बूढ़ियाँ उसे कभी-कभी याद करते हैं
और चुप रहते हैं
एक दूसरे की आँखों में देखते.

1987

संरचना

अँधेरे में
वह सबसे सघन संरचना थी
अँधेरे से ज़्यादा सघन

उसके सपने
उसे छोड़ रहे थे
एक विपत्ति के दरवाज़े पर

हमने साथ-साथ एक चट्टान पार की
एक नदी साथ-साथ
पार किये कई बचपन

मैं बेहद अकेला था
जब मैंने उससे कहा प्यार जैसा कुछ
वे शब्द निरर्थक थे या थके हुए

एक मातमी माहौल में

मैं कहना चाहता था तुम पृथ्वी हो
तुम में शुरू होता है जीवन तुम में ख़त्म

बाहर रोशनियाँ बुझ रही थीं
पेड़ों और चेहरों पर धूल जमती थी
ख़त्म होने को थी एक शताब्दी

उसने कहा मुझे मालूम है भविष्य
मैं रोज़ देखती हूँ अपने हाथ-पैर
जहाँ से चढ़कर आता है अंधकार

एक पवित्र देह में रहती रही
मैली-कुचैली एक आत्मा झुर्रियों से भरी
धीरे-धीरे सिकुड़ती हुई.

1986

चौराहे पर

वह चिल्लायी
चौराहे पर
जहाँ अँधेरे से आती सड़कें
दम तोड़ती हैं रोशनी में

उसने कुछ कहा
एक गहरी रात में
जब कहीं कुछ सुनाई नहीं देता
और लोग सोने जा चुके होते हैं

उसने हाथ फैलाये
किसी ऊँची छत पर
जहाँ से यह शहर
एक आश्चर्यजनक दृश्य की तरह
दिखता है

मुझे बचाओ यह बात

वह कहती आ रही थी कई साल से
भागते हुए हम ठिठकते हैं
कभी-कभी अकेले में.

1986

एक पुरानी कहानी

अब हम आ गये हैं
घर से बहुत दूर

चट्टानों से फूटकर चट्टानों में जाते
पानी की आवाज़ अब नहीं सुन पड़ती
नहीं दिखते पुरखों के लाये हुए पत्थर
जिन पर हम सुस्ताने बैठते थे
यात्राओं की थकान के बाद

अब यह परदेश की भूमि है
हमारे पास जो कुछ है
उसे हमें आपस में बाँट लेना चाहिए
जैसी सूखी रोटियाँ

आसमान में बादल हैं
कभी भी बारिश हो सकती है
हमें बचा लेनी चाहिए अपनी क़ीमती चीज़ें

जैसे चप्पलें जेबों में पड़ी पुरानी चिट्ठियाँ
दोस्तों के पते-ठिकाने

घर से बहुत दूर आ गये हैं हम
तकलीफ़ों की एक और ही दुनिया में
जहाँ लगातार दौड़ते रहना होगा
दलदल में धँसेंगे पैर
सूझेगा नहीं रास्ता सन्नाटे में
तब हम पुकारेंगे एक दूसरे को

चाहे जैसी भी हवा हो
यहीं हमें जलानी है अपनी आग
जैसा भी वक़्त हो
इसी में खोजनी है अपनी हँसी
जब बादल नहीं होंगे
ख़ूब तारे होंगे आसमान में
उन्हें देखते हम याद करेंगे
अपना रास्ता.

1983

पैदल बच्चे स्कूल

पैदल जानेवाले बच्चों का कोई भरोसा नहीं
वे घर से जल्दी चल पड़ते हैं
और स्कूल पहुँचते हैं अकसर देर से
रास्ते में गंदी हो जाती हैं उनकी पोशाकें
जिन्हें सँभालते हुए वे भागते हैं
आँखें नीची किये खड़े होते हैं क़तार में

बाहर निकलने पर वे देखते हैं
फूल तोड़ लिये गये हैं
घास कुचली जा चुकी है
और आसमान बुरी तरह बरसने वाला है

रोज़ एक ऊबड़-खाबड़ रास्ता पार करते हैं वे
आने-जाने वालों से पूछते हैं
कितना बजा है भाई साब
बारिश में भी पहुँच जाते हैं स्कूल
यह देखने कि वह बंद है या खुला हुआ

पैदल बच्चों के पास छिपाने के लिए कुछ नहीं है
किताबों के बीच तितलियाँ नहीं
जूते भी नहीं जिन्हें वे रख सकें
झाड़ी के पीछे
कई बार उन्हें हिदायत दी गयी है
जूते पहन कर आने की
हाथ-पैर के नाखुन कलात्मक काटने की
कई बार पड़ी हैं बेंत
और कहा गया है कि हम तुम्हें नहीं ले जायेंगे
महापुरुषों की अगवानी में

पैदल बच्चों की सूरत अकसर
उनकी माँओं से मिलती है
शाम को जब वे लौटते हैं झुंड के झुंड
जैसे किसी हमले में खदेड़े जाते हुए
पैदल बच्चों की दुनिया में कभी-कभी फूल आते हैं
पैदल बच्चों की दुनिया में कभी-कभी हवा बहती है
कभी-कभी उन्हें देखा गया है
कोमल मानवीय भावनाओं के विरोध में
कुछ शब्द लिखते हुए.

1985

वह

कभी वह एक चिड़िया थी
कहती हुई कि लो मैं उड़ी
कभी पत्थर
बरसों से नदी किनारे बैठी हुई

रात में बार-बार उठकर वह देख लेती थी
अपनी बग़ल में सोये आदमी का चेहरा
उसके कपड़े पहन लेती थी
गहरी साँसें छोड़ती थी
ताकि उसकी याद वहाँ बनी रहे
किताबों और बिस्तरों के बीच

इस तरह छाया रहा पूरे घर में
एक स्त्री का निरर्थक प्रेम
उसके चलने-फिरने की आवाज़ें
विपदाओं से घिरा अकेला दिमाग़
जो जाना चाहता था हर बार

किसी निर्जन की शरण

मैं देर तक सोचती हूँ अंधकार
उसने कहा तय नहीं कर पाती
कि चिड़िया हूँ
या पत्थर.

1985

पत्थरों की कहानी

एक

पत्थरों के बीच आवाज़ें हैं बहुत पहले की
जब हमारे पुरखे यहाँ आये थे
पुराने जंगलों का सन्नाटा
और पशुओं की दहाड़ है पत्थरों में
बहुत-से पेड़ जो नष्ट हो गये
उनकी जड़ें छिपी हैं इनमें
निर्जन पृथ्वी के भीतर से आये ये पत्थर
पूर्वजों के जीवाश्म जिनके भीतर ठंढ है
ज़रा-सी धूप पाकर जो चमकने लगते हैं
सख़्त और नुकीले बनते हुए
सूरज चाँद तारे कभी-कभी इनसे टकराते हैं
दूसरे पत्थरों की तरह.

दो

पत्थरों के इस रास्ते मैं कई बार आया हूँ

मैंने देखा है पानी का वेग रोकते
आदमियों से भी ऊँचे पत्थरों को
और उन्हें भी जो इनके सामने बिलकुल बच्चे हैं
जिनके भीतर से नदी आसानी से बह जाती है
कई बार आया-गया हूँ मैं इस रास्ते
लगभग चीख़ता हुआ लगभग काँपता हुआ
पत्थरों के इस विशाल लोक को लाँघते हुए
मुझे लगा है मैं इन्हें लाँघ नहीं सकता
मैं बहुत कम जानता हूँ इनके बारे में
एक भी शब्द लिख नहीं सकता
कभी वे सिर्फ़ शोक में डूबे लगते हैं
कभी एक-दूसरे से फुसफुसाते हुए
कभी-कभी उनसे पैदा हुईं चिनगारियाँ
आसपास कोई जंगल खोजती हुईं

इन पत्थरों के बीच से
सर नीचा किये हुए मैं गुज़रा इस तरह
जैसे वहाँ पत्थरों की जगह बैठे हों
चौकन्नी आँखों वाले लोग.

तीन

इन पत्थरों से शुरू होते हैं रास्ते
इनके बीच से हम देखते हैं धीरे-धीरे पास आते गाँव
इनके बीच से हम स्वजनों को देते हैं आवाज़

पत्थरों में मिलती है शरण
थके-माँदे हम जब लौटते हैं घर.

1985

शुरुआत

सामने नंगे पहाड़ पर
जैसे ही चाँद चमकता है
अँधेरे में पिता माँगते हैं थोड़ी-सी मदद
माचिस की तीली बराबर रोशनी
कुछ देर की गाढ़ी निर्भय नींद
सुबह सीढ़ियाँ उतरने की सामर्थ्य
और एक लाठी पत्थरों को टटोलने के लिए

यह बुढ़ापे की शुरुआत है
अँधेरी कोठरी में सर झुकाकर काँपने
और हड्डियों में ठंढ बैठने की शुरुआत
चेहरे धीरे-धीरे धुँधले होते हैं
जीते जी गुम हो गयी एक पीढ़ी
एक दलदल में धँस गये साथ के लोग

वर्षों पीछे छूटा हुआ दृश्य
चाहते हैं पिता याद करने के लिए

जब उनमें ताक़त थी
और उन्होंने देखा था बेटे-बेटियों का बढ़ना
चट्टानें तोड़कर निकाले थे रास्ते
शाम के आसमान में चहकते पक्षियों की तरह
उनके भीतर सपने उड़ते थे
अँधेरे में पिता माँगते हैं थोड़ी-सी उम्मीद
परदेश गये बेटे के लौटने की

यह ज़मीन हर साल
और कठोर होती जाती है
पेड़ हर साल कुछ कम फल देते हैं
बच्चे दिखते हैं और भी दुबले
उनके माँ-बाप कुछ और कातर
मौसम बदल रहा है
रात किसी जानवर की तरह
गाँव को दबोचे हुए है
और सामने नंगे पहाड़ पर चाँद चमक रहा है
अँधेरे में पिता माँगते हैं थोड़ी-सी मदद
अपने बुढ़ापे की शुरुआत में.

1981

शोकगीत

इस धीमी रोशनी में पढ़ो
पुरानी धुँधली चिट्ठियों के अक्षर
क्या वे कोई रहस्य-भरे संदेश हैं
या कहानियाँ हैं दरवाज़ों के बंद होने की
दरारें पड़ने और धूल हो जाने की लिपियाँ

रात सबके चेहरों पर एक साथ गिरती है
रास्ता खोजते हुए याद करो
यहाँ पानी बहता था गीत गाये जाते थे
अँधेरे में से आती थी हँसने की आवाज़
ख़ज़ाने की तरह छिपा होता था कोई दुख

चारों तरफ़ से आते इस शोकगीत को सुनो
जिसमें कोई स्वर नहीं कोई लय नहीं
स्मृतियाँ भी नहीं हैं
सिर्फ़ रात है उन अक्षरों पर गिरती हुई
जिन्हें तुम अज्ञात लिपि की तरह पढ़ते हो रात भर.

1984

हम सोते हैं

नदी में जंगल की छाया पड़ती है
हम सोते हैं

किनारे पर नंगे पत्थर तपते हैं
हम सोते हैं

काली रात सफ़ेद होती है
हम सोते हैं

हमारे खेतों में बाढ़ आती है
हम सोते हैं

हमारे बच्चे अपनी कापियों पर
मरे हुए लोगों के चेहरे बनाते हैं
हम सोते हैं.

1979-81

पिता

बूढ़े हो गये हैं पिता
बहुत बूढ़े हो गये पिता

अगर वे दाढ़ी उगाते
तो वह होती चमकीली सफ़ेद
लंबी लहराती
दिव्य पुरुष जैसी
कुछ बच्चे भी होते दाढ़ी पकड़
झूला झूलते

पर वे तो बैठे हैं धूप में
सर झुकाये
कभी देह का कोई हिस्सा खुजाते

अकसर उन्हें लगता है
कहीं दूर से लौटे हैं अभी-अभी
हालाँकि वे हिलते-डुलते तक नहीं

अपनी जगह से
बैठे रहते हैं निश्चेष्ट

कभी-कभी कहते हैं
कैसा था हमारा ज़माना
तुम्हारे रद्दी ज़माने से पहले
तुम तो आये नहीं किसी काम

कभी-कभी जब वे खुजा नहीं पाते
अपनी पीठ
तो कहते हैं अरे ज़रा
कोई खुजाना मेरी पीठ.

1982

संभव

मैं चाहता था वहाँ एक पेड़
हवा और रात
मैं चाहता था एक नदी
एक आदमी
थकान दूर करने के लिए
हाथ-पैर धोता हुआ.

1986

नदी

सुख दिन में नदी की तरह था
दुख रात में नदी की तरह

डूबे जाते थे हम.

1986

कुछ अंधकार

कुछ अंधकार
बचाकर रख लिया गया है

हम आते हैं और देखते हैं
अतीत.

1983

स्मृति

रात भर हम देखते हैं
पत्थरों के नीचे
पानी के छलछलाने का स्वप्न

सुबह बर्फ़ झाड़ते पेड़
छिटककर अलग होते हैं
और विनम्र अपनी जड़ों तक झुक जाते हैं.

1983

एक दृश्य

वह आत्मा ही थी
शरीर का स्वप्न देखती

वह आत्मा ही थी
तारों की तरह झरती.

1983

प्रेम

वह कोई बहुत बड़ा मीर था
जिसने कहा प्रेम एक भारी पत्थर है
कैसे उठेगा तुझ जैसे कमज़ोर से

मैंने सोचा
इसे उठाऊँ टुकड़ों-टुकड़ों में

पर तब वह कहाँ होगा प्रेम
वह तो होगा एक हत्याकांड.

1983

ट्रेन में

सोती हुई बच्ची को
जगह देने के लिए
एक बूढ़ा अपनी जगह से उठता है
और काँपते पैरों पर खड़ा हो जाता है

बच्ची सोती है गाढ़ी दूध की नींद
बूढ़ा उसे देखता है
दूर से

बूढ़ा मुस्कराता है शर्माता हुआ
बच्ची मुस्कराती है सोते हुए.

1983

सफल कवि

रहते हैं इस शहर में कई सफल कवि
एक खर्राटेदार नींद के बाद वे जागते हैं
नहा-धोकर बैठते हैं कविता लिखने
टहलते हैं सिर्फ़ बाग़ीचों में
सोचते हुए जो सफल है वही है कवि

प्रखर चिंतन गद्यपद्य रस अलंकार
अस्तित्त्ववाद अंतर्राष्ट्रीयता पत्राचार
चरित्र-चित्रण राजनीति दूरदर्शन कला भवन
सबमें रहता समान आवागमन
लगभग जादूगर हैं सफल कवि
बुलाते ही हाज़िर होती हैं
बाँदियों की तरह कविताएँ

उदास लोगों को वे देखना नहीं चाहते
आरामकुर्सियों पर बैठे मिठाई खाते हैं
क़हक़हे लगाते हैं

फिर सहसा डूब जाते हैं
किसी गहन चिंता के रसातल में
यही है एक उनकी मुसीबत

गुज़र गयीं कई पीढ़ियाँ
सफल कवियों की इस शहर में
फ़िलहाल देखिए सामने के फ़ोटो में
एक सफल नेता को विनम्र हाथ जोड़ रहा है
एक सफल कवि.

1984

हत्यारा

बहुत दूर से आया है हत्यारा
उसे पार करने पड़े हैं
दुर्गम डरावने जंगल
मौसम की मार झेलनी पड़ी है
बीहड़ रास्तों पर
भूखे बिताये हैं उसने कई दिन
सेनाओं ने सही हैं मुसीबतें
हत्यारे के लिए

सेनाएँ कट मरेंगी हत्यारा जीतेगा
हर बार जीतने के बाद
लाशों के बीच अकेला खड़ा
हत्यारा कहेगा
अब मैं जाता हूँ बुद्ध की शरण.

1981

सफ़ेद दीवार

शहर की सबसे लंबी सबसे सफ़ेद दीवार
ख़ाली है इस वक़्त
उस पर लिखा जा सकता है
अपना पूरा पता
बनाये जा सकते हैं वे चेहरे
जो अब नहीं हैं
ताज़ा वारदात में मृतकों की संख्या
ख़त्म होती हुई यह पूरी शताब्दी
दर्ज़ की जा सकती है दीवार पर

इस पर एक लड़का
अपने पड़ोस की लड़की का नाम लिख सकता है
एक लड़की अपनी सबसे बड़ी इच्छा
यहाँ उकेर सकती है
यहाँ भूखे बच्चों की तस्वीर लगायी जा सकती है
गोलियों के निशान बनाये जा सकते हैं
और उनके चारों ओर उड़ती हुई बारूद

यहाँ खोदी जा सकती हैं
हत्यारों की आँखें
उनके ख़ून से भरे हुए हाथ

सबसे लंबी सबसे सफ़ेद दीवार
ख़ाली है इस वक़्त
इस पर लिखी जा सकती है कोई कविता
कल सुबह के लिए कोई संदेश
इस पर दर्ज़ किया जा सकता है
अगली लड़ाई का एलान.

1981

क्या काम

असद ज़ैदी के लिए

आप दिखते हैं बहुत उदास
आपको इस शहर में क्या काम
आपके भीतर भरा है गुस्सा
आपको इस शहर में क्या काम

आप सफलता नहीं चाहते
नहीं चाहते ताक़त
जो मिल जाये उसे छोड़ कुछ नहीं माँगते
आपको इस शहर में क्या काम

आप तुरत लपकते नहीं
और न खिलखिल करते
हाथ जेब में डाले चलते
रोज़ रात में पाते .ख़ुद को लहूलुहान
आपको शहर में क्या काम.

1986

बाँयें हाथ का खेल

हम एक विशाल इमारत में घुसते हैं
खोलते हैं उसका लोहे वाला फाटक
जैसे यह हमारे बाँयें हाथ का खेल हो
सीढ़ियाँ चढ़ते हैं ऊपर से नीचे देखते हैं
जहाँ लोग एक दूसरे को धक्का देते बढ़ रहे हैं
हमारी निगाह टिक जाती है एक लड़की पर
जो धीरे-धीरे जा रही है कहीं काम की खोज में
इस तरह हम जुटाते हैं शहर के उदाहरण

आलीशान एक घर में हम दस्तक देते हैं
जिसका पता हमें मालूम नहीं
हम खा आते हैं खाना पी आते हैं शराब
कल की शाम तो आप बितायें हमारे साथ
कहता है हाथ मिलाता हुआ आकस्मिक दोस्त
रात में कोई हमें विदा करने आता है
आते रहिए कृपया संकोच नहीं करेंगे आने में
मैं तो भूल ही गया था पूछना आपका नाम

बिना घुलेमिले कैसे बनेगा आपका व्यक्तित्व

हमारा अपना एक विवेक है
हम अँधेरे में भी चल सकते हैं
अकेले में देख सकते हैं हमारे शरीर नहीं गये व्यर्थ
हम दे सकते हैं सवालों के माकूल जवाब
अब हम रह सकते हैं यहाँ
अब हम कह सकते हैं बहुत अच्छा

हम दिखते हैं सुबह ख़ुश या शाम को थके हुए
शाम को तरोताज़ा या सुबह परेशान
जहाँ कुछ कम नमी हो या कुछ कम धूप
हम दिखते हैं जैसे सपने में
कहीं टिकने के लिए कोई कोना ढूँढ़ते हुए
तकियों की खोज में इधर-उधर भटकते हैं हमारे सर.

1987

बाज़ार भाव

एक कोने में वह खड़ी दिखी
कुछ पीती हुई
तरह-तरह के लोग थे वहाँ
तरह-तरह के धंधे हरेक धीरे से बतलाता था
अपनी सफलता की कहानी
एक साथ सब हँस पड़ते एक दूसरे पर

मैंने कहा मैं कविता लिखता हूँ
परिस्थितियों के हिसाब से
जब जो कुछ देखा-हुआ उसे किया दर्ज़
जैसे आप पहने हैं नीला रंग
तो उसका भी कुछ होगा
कविता में ज़िक्र

परिस्थिति बहुत विकट है मैंने कहा
यहाँ तक कि नीला रंग
किसी को डरा सकता है
बदहवास कोई चीख़ने लग सकता है

इस आनंद मंगल जगह में

पार्टी की औरत ने देखी दुर्गत
कविता की हमारे ज़माने में
नहीं पूछा उसने कविता का बाज़ार भाव.

1984

काव्यात्मक चिंता

क्या मैं ग़लत समय पर
ग़लत जगह आया हुआ आदमी हूँ
जो कहीं पर बस से उतरा और सीधा चला आया

मुझे नहीं मालूम कि यहाँ क्या हो रहा है
किस तरह के शब्द यहाँ प्रचलित हैं
प्यारे कवियो यह सब कोहराम क्यों है

मैं चाहता हूँ हम साफ़-साफ़ एक बयान दें
कि सारी चीज़ें ठीक-ठीक समझाई जायें
और खुले आम ही नहीं चोरी-छिपे भी
अभद्रताएँ फ़ौरन बंद हों
(शुरुआत करें ख़ुद से ही)

कैसा वक़्त है यह
दोस्त धमकाते हैं दोस्तों को
बूढ़े भटकते हैं जगह-जगह

पते पूछते हुए
मैं चाहता हूँ हम गहरा शोक व्यक्त करें इस पर

भाइयो हम स्थगित कर सकते थे यह सभा
हम यहाँ शराब नहीं भी पी सकते थे
काव्यात्मक चिंताएँ
लंबे समय तक ख़ारिज की जा सकती थीं
ज़रूरी नहीं था हमारा बन-ठन कर टहलना
हम नहीं भी ढो सकते थे यह बोझ.

1984

दिनचर्या

कुछ ठोस उदाहरणों का हवाला देकर
हम कहते हैं यह दिन बीत गया
सुबह दरवाज़ा है हमारी आत्मा का
इसे हम खटखटाते हैं कामकाजी तरीक़े से

उठो और चल दो
अपनी दैनिक निराशा अर्जित करने के लिए
हम जानते हैं
धुआँ ख़ून और चीख़ बहुत पहले से मौजूद हैं
इस सबकी छाप है हमारे विचारों पर
अपने विचारों से ज़्यादा दूर नहीं गये हैं हम

हम सड़क पर आते हैं
कविताओं-कहानियों की खोज में
हाथ बाँधकर परस्पर बातचीत करते हैं
हमारी आस्था है इस तरह बातचीत करने में
तेज़ी से कमरे में टहलते हैं अख़बार पर झल्लाते हैं

अंत में हम कहते हैं भयानक है यह सब

हमने नहीं सोचा था मनुष्यता का भी एक गर्त है
हमने नहीं सोचा था अत्याचारी भी कहेगा
मेरा चेहरा मिलता है आदमी से
हम नहीं थे इस अपराध इस पागलपन में शामिल
सोचते हुए हम देखते हैं
समाज जा रहा है तेज़ी से रसातल

बचा ले आये हैं हम रोटी में नमक बराबर जीवन
सलामत हैं हमारे सर चक्कर खाते हुए
आत्मा के दरवाज़े से गुज़रते हुए हम सोचते हैं
करुणा राहत उदारता के बारे में.

1986

प्रेम सफलता की कुंजी

प्रेम में उन्हें मिली सफलता
उन्होंने सफलता से किया प्रेम

वे मानते थे प्रेम हो तो सफलता से
लोग याद करें इसे कहते हैं सफल प्रेम

असफलता को वे नहीं मानते थे प्रेम
प्रेम को तो होना ही होगा सफल

सफलता के झरोखे से वे निगाह रखते हैं
प्रेम करनेवालों पर.

1987

अमीर लड़की

अमीर लड़की
भेजती है निमंत्रण
पाँच पुरुषों को
पाँचों आते हैं एक शाम
धड़कते हृदय लिये हुए
देर से आने की हड़बड़ी के साथ

एक कहता था मैं आसपास ही
भटकता रहा बड़ी देर
एक सोचता रोशनी यहाँ इतनी कम क्यों
एक की आँखों से बरसता था शोक
एक परेशान कि उसके हैं अपने ही संकोच
एक कहता अब मैं कहीं आता-जाता नहीं
हो चला हूँ गंभीर

अमीर लड़की हँसती है
आप समझिए यह जीवन

जैसे हो एक स्वप्न पूरा न होता हुआ
यह जीवन जैसे फटे हुए किसी चित्र
की नक़ल पर बना कोई चित्र
आप कुछ खायें कुछ पियें
फिर जल्दी से बतायें
आप में कौन है सबसे ज़्यादा योग्य

इस समाज में अब कहाँ रह गये ऐसे लोग
अमीर लड़की हँसती है
पाँच पुरुषों को खाते-पीते
आसमान में उड़ते देख
यह रही मेरी कला
फ़र्श और दीवार पर धुँधली रोशनी में
यहीं पायी है मैंने सच्ची निरर्थकता
यही है मेरी उदासी मेरा प्यार

पाँच पुरुष चकित खड़े रहते हैं
चमकाते चेहरा मलते हथेलियाँ
सोचते यह जगह तो है बहुत दूर
अमीर लड़की हँसती है
जानती हूँ मैं कितना कठिन है
ठीक-ठीक कुछ कहना
मैं जानती हूँ असमंजस
आयेंगे आप बुलाऊँगी आपको फिर.

1987

सरोकार

बुनियादी हैं आपके सरोकार
जैसे इस दुनिया की नींव में धँसाये हुए
हवा पानी धूप कुछ भी उन तक नहीं पहुँचता
इतिहास के पन्ने चाटनेवाले
नमक से भी अपरिचित हैं आप

आप पहने हैं उजले-धुले कपड़े
नाख़ुनों में ज़रा गंदगी नहीं
बालों में तेल पैरों में चप्पल
कालातीत आप पैदल चलते हैं
आध्यात्मिक यात्राओं पर
चकित होते हैं बाजे-सी बजती अपनी आत्मा पर

कविता है आपका अतीव आनंद का विषय
मन रमता है आपका
बच्चों खिलौनों और ईश्वर में
आप उतार डालते हैं घास से भरी पृथ्वी के कपड़े

अपने घर ले जाना चाहते हैं
तमाम शब्द पूरा सूरज सारा आकाश

आप देखते हैं
आप चले गये हैं समुद्र की तह तक
खड़े हैं एक बर्फ़ीली चोटी पर
नज़र आ रही है ईश्वर की बनायी सृष्टि
पाते हैं चारों तरफ़ है सुख
आप समझ नहीं पा रहे हैं
नश्वर लोग क्यों कातर हैं इस संसार में.

1987

हवा

रात भर
मैं तुम्हारा किवाड़ खटखटाता हूँ
सारा गाँव सुनता है
सिर्फ़ तुम नहीं

सुबह
तुम्हारी दहलीज़ पर
देर तक रुकी रहती है हवा.

1986

नींद

चीज़ें ज्यों की त्यों होंगी
मैं उन्हें देखता रहूँगा
ज्यों की त्यों.

1986

टीवी दृश्य

एक

पढ़ी-लिखी युवती
आत्मविश्वास से दिखाती है
एक अर्धजीवित देह
मृत्यु से पहले इस जीवन में हैं
कितने सारे रंग.

दो

बाघ और बकरी साथ-साथ हैं
दिखाते हैं एक ही जगह
अपना पानी पीना
बाघ है एक अच्छा बाघ
बकरी से पूछता है
तुम भी तो हो उतनी ही अच्छी बकरी.

तीन

आमने-सामने कुर्सियों पर
बैठते हैं शिकारी और शिकार
कितने सुंदर शिकार हैं आप
कितना सहा आपने
अभी-अभी तो उगे हैं आपके पंख
अभी-अभी सीखा है उड़ना
हाँ तो कैसे हुए आप शिकार
किसी प्रेरणा से किस महापुरुष
की शिक्षाओं का असर पड़ा आप पर

शिकारी जब बढ़ता है
शिकार की ओर
टीवी एकाएक हो जाता बंद.

1987

ख़िलौने

कोई और ही दुनिया है
खिलौनों की सजी हुई
किसी और ही दुनिया के बच्चे
बढ़ाते हैं उनकी ओर हाथ
सुबह उठने पर मेरे बेटे ने कहा
पापा मैंने देखा एक बाग़
फूलों की जगह लगे थे खिलौने
चुपचाप मैं तोड़ लाया एक
देखिए मुझसे टूट भी गयी है उसकी एक बाँह

आसानी से पार होगा उनका बचपन
जिन्होंने ख़रीदे हैं खिलौने
शहर में नयी खुली निर्माता कंपनी
तरस खाती है समाज में
बच्चों की बढ़ती दुरवस्था पर

सुनो संसार के सबसे महँगे

खिलौने की सीटी
वह जो बुलाता है गर्दन उठाकर
बच्चों को काउंटर के पीछे
जिसके चेहरे पर आँखें झपकाता है
शहर का बड़ा व्यापारी
उसकी एक झलक देखने को
बच्चे टकटकी बाँधे हैं
उन्हें घसीटकर घर ले जाते दिखते हैं
उनके परेशान माँ-बाप

एक कमज़ोर खिलौना दिखा
उससे भी कमज़ोर एक बच्चे के हाथ में
वह जब भी भूख से रोता
माँ उसकी थमा देती उसे खिलौना
क्या करूँ यह बच्चा है दुष्ट
क्यों नहीं पैदा हुआ यह अमीरों के घर में
चाहता है तरह-तरह के खिलौने
कल ही लायी बाज़ार से बीस रुपये का एक

अब कोई क्या खिलौने बेचे
निगाह झुकाये गुज़रता है फेरीवाला
मुझे शर्म आती है इन्हें ढोते हुए
फ़र्क़ नहीं रहा भेड़िये और हिरन की आँखों में
बंदर दिखता है ख़ूँख़ार
रबर का बना ख़रगोश
दन से दाग़ देता पिस्तौल.

1987

घर का रास्ता

कई बार मैंने कोशिश की
इस बाढ़ में से अपना एक हाथ निकालने की
कई बार भरोसा हुआ
कई बार दिखा यह है अंत

मैं कहना चाहता था
एक या दो मामूली शब्द
जिन पर फ़िलहाल विश्वास किया जा सके
जो सबसे ज़रूरी हों फ़िलहाल

मैं चाहता था
एक तस्वीर के बारे में बतलाना
जो कुछ देर क़रीब-क़रीब सच हो
जो टँगी रहे चेहरों और
दृश्यों के मिटने के बाद कुछ देर

मैं एक पहाड़ का

वर्णन करना चाहता था
जिस पर चढ़ने की मैंने कोशिश की
जो लगातार गिराता या धूल या कंकड़
रहा होगा वह भूख का पहाड़
मैं एक लापता लड़के का
ब्योरा देना चाहता था
जो कहीं ग़ुस्से से खाता होगा रोटी
देखता होगा अपनी चोटों के निशान
अपने को कोसता
कहता हुआ चला जाऊँगा घर

मैं अपनी उदासी के लिए
क्षमा नहीं माँगना चाहता था
मैं नहीं चाहता था मामूली
इच्छाओं को चेहरे पर ले आना
मैं भूल नहीं जाना चाहता था
अपने घर का रास्ता.

1987

एक शहर की नौ कविताएँ

एक

यहाँ आते-आते
भारी हो चले थे हमारे सर
हमने मोटे कर लिये थे कलेजे
चिंताएँ करनी छोड़ दी थीं
बढ़ा लिये थे बाल

हमारे कंधों से लटकते थे झोले
उनमें सहेज कर हम रखते थे
अपनी प्रसन्नताएँ.

दो

बहुत बड़े इस शहर में
हमें भी मिली छोटी-सी एक जगह
थोड़ी-सी हवा एक बिस्तर

मुसीबतें याद रखने के लिए
एक डायरी

दिन में कई बार नमस्ते की
शाम को ग़म ग़लत किया
छिपकर दीवारों पर चिपकाये कुछ पोस्टर
सुबह उठकर सामने से आते
आदमी से पूछा अच्छा तो आप भी हैं
इस शहर में.

तीन

बहुत कम में काम चल जायेगा
हमने सोचा था
ज़िंदगी में थोड़ा-सा जानना होगा
थोड़ा सामान कुछ किताबें
कुछ बर्तन खाने-पीने के
कुछ सरल शब्द
जिन्हें बोलते हुए शर्म न महसूस हो

हमने सोचा था
कुछ साधारण वाक्य बनाने होंगे
जिन्हें बोलते हुए जीभ लड़खड़ाये नहीं
एक निजी क्रोध काफ़ी होगा लड़ने के लिए
अत्याचारी को डरा देंगी सिर्फ़ तमतमायी हुई आँखें
अन्याय के विरुद्ध काम आयेगा
एक छोटा-सा शब्दकोश.

चार

आपका स्वागत है
क्योंकि आप नये हैं
आपका स्वागत है
क्योंकि आप बहा सकते हैं
कभी पसीना कभी ख़ून

आपका स्वागत है
क्योंकि अभी आपने
अपना जीवन नहीं जिया
आपका स्वागत है
क्योंकि आप घर की याद से
हो उठते हैं बेचैन
आपका स्वागत है
क्योंकि आप चाहते हैं
अपने परिवार को यहीं बुलाना.

पाँच

हम उठते हैं सुबह चार बजे
नहाते हैं
कपड़ पहनते हैं तुरत-फुरत
किसी को धक्का देकर
चढ़ते हैं एक बस में
रास्ते में गुलमोहर के पेड़ देखते
मुस्कराते हैं
अपनी बग़ल में बैठे आदमी से
पूछते हैं

अंदाज़ से कितना पैसा कमाया होगा आपने.

छह

हम यहाँ जानते हैं कुछ लोगों को
वे लोग हमें नहीं जानते
उनके मुखौटे मिलते हैं जगह-जगह
सजे हुए भवनों और बाज़ारों में

वे अगर हमें जानते
तो यह भी जानते
कि हम जानते हैं उन्हें.

सात

जो आलसी हैं
उनके घरों में चूहे बनाते हैं बिल
खोदते हैं दीवारें
जो आलसी नहीं हैं
वे कभी-कभी मदद करते हैं चूहों की.

आठ

अच्छे बच्चे
तुम क्यों रोते हो सबके सामने

प्यारी लड़की
तुम अपने आँसू क्यों छिपाये रहती हो

भले आदमी
तुम्हारे आँसू कैसे सूख गये.

नौ

लॉटरी बेचनेवाली लड़कियाँ
हँसती हैं चौराहे पर
किसी को नहीं मिला ईनाम
किसी का नहीं फटा छप्पर.

1987

●●●